MADAME LA BARONNE

BARTHOLDI-WALTHER

22 AOUT 1875

PARIS

DE L'IMPRIMERIE DE J. CLAYE

7, RUE SAINT-BENOIT, 7

1875

MADAME LA BARONNE

BARTHOLDI-WALTHER

In 27
28935

MADAME LA BARONNE

BARTHOLDI-WALTHER

22 AOUT 1875

PARIS

DE L'IMPRIMERIE DE J. CLAYE

7, RUE SAINT-BENOIT, 7

1875

« C'est une étrange faiblesse de l'esprit humain que jamais la mort ne nous soit présente, quoiqu'elle se mette en vue de tous côtés. On n'entend dans les funérailles que des paroles d'étonnement de ce que ce mortel est mort. »

Oui, quelque avertissement que Dieu vous ait déjà donné, quelque répétés que soient ses coups, toujours vous reprenez confiance. S'il ne se lasse de frapper, vous ne vous lassez d'oublier. La dernière fois qu'il vous a appelé au champ de repos, vous êtes sorti convaincu que la trace de ce dernier coup

était ineffaçable, que vous alliez vivre désormais avec la mort devant les yeux... et encore
une fois la vie a repris le dessus ; cet instinct
de vie qui triomphe de tout.

Peu à peu, la cicatrice se ferme, le passé
s'oublie, vous vous reprenez aux fleurs du
chemin et pour vous, mortel, les mortels ne
meurent plus.

Vous êtes là, sur les bords de la Loire, par
une belle matinée d'été, contemplant ce grand
fleuve qui coule paisiblement dans son lit de
sable d'or ; autour de vous tout est joie et
sérénité ; vous vous abandonnez au présent,
puis vous songez à l'avenir, au cher Jouy-en-
Josas, où vous irez cet automne... Vous voyez
le château de Petit-Bois et celle qui en est
l'âme et la vie ; vous la voyez descendre sur
la terrasse, passer sous la verandah, aller à
la petite école faire chanter ses orphelines ;
vous la voyez traverser l'allée de catalpas,
vous appelant pour admirer les œuvres de

Dieu avec cette jeunesse de cœur, cette fraî-
cheur d'imagination que les belles natures
conservent jusqu'au dernier jour ; vous l'entendez, elle vous parle, et vous dites : « Quel
bonheur ! »

Un bruit retentit : c'est la sonnette du fac-
teur — cette voix des affections lointaines. —
On vous remet une lettre. Elle est morte !
morte en quelques heures!... De tous ces
souvenirs, de toutes ces joies passées, de
toutes ces espérances, il ne reste rien, rien
que la mort.

La mort! Par un sentiment de pitié pour
sa créature, Dieu ne lui a pas donné la faculté
d'embrasser de suite ce que ce mot renferme.
Alors même que l'âge, la maladie, devaient
vous préparer, vous n'arrivez que peu à peu
à comprendre ce qu'il y a dans ce mot, et à
envisager tout ce qui meurt avec l'être qui
vient de mourir.

Vous ne comprenez pas, et cependant vous

vous révoltez ! La mort, toujours la mort ! Déjà Dieu vous a pris tant d'âmes bien-aimées ! Encore celle-là ! Alors qu'il prenne tout !

Ne te révolte pas ; courbe la tête, bénis la main qui te frappe. Par respect pour celle qui vient de mourir, accepte la volonté du Dieu qu'elle adorait ; elle y était préparée à cette mort, si tu ne l'étais pas !

Mais vous n'avez point le temps de vous arrêter à ces pensées ; l'action vous réclame ; il faut partir.

Sur la route, vous trouvez des parents, des amis, appelés par la terrible dépêche. Mais, vous ne le trouverez pas lui, ce fils, qui, retenu au delà des mers à son poste d'ambassadeur, va voir l'Atlantique entre cette mort et lui ! Et ces lettres qui pendant des jours et des jours vont continuer à courir et à se croiser sur l'Océan ; les unes écrites par une main désormais glacée, les autres adressées à celle qui ne peut plus les recevoir !

... L'heure de la cérémonie est venue. Vous reprenez le chemin de Jouy, ce chemin que vous avez tant de fois parcouru le cœur joyeux... Voilà l'aqueduc, le village des Loges, le château des Côtes. Il y a dans l'air comme une sérénité radieuse. Jamais cette nature n'a été plus riante et plus belle. Là-bas, nageant dans la lumière, vous apercevez les tourelles de Petit-Bois, la terrasse avec sa verandah et sa vigne vierge ; tout ce qu'elle a créé, tout ce qui porte son empreinte, ce cachet de distinction, de simplicité et de bon goût, qui était un des côtés de cette âme exquise.

Dans la petite chapelle, parents, amis, serviteurs, sont réunis. Le ministre de Dieu monte en chaire pour dire que s'il lui est permis de parler de Jésus, il lui est interdit de parler de celle qui vient de mourir... Mais s'il est condamné au silence, les pierres parlent et disent son œuvre : ce temple qu'elle a fait construire, ces orphelines qu'elle a recueillies, ces pauvres qu'elle a soulagés, tout, tout parle d'elle.

Et comment élever une plainte, alors que sœur et enfants glorifient, devant un cercueil, le Dieu qui vient de les frapper?

Déjà les voitures funèbres roulent vers le Père-Lachaise. C'est ce moment, si pénible et si prolongé de nos cérémonies actuelles ; cette sorte d'interruption au recueillement et à la douleur. Alors, on cause... on s'entretient de cette forte génération qui disparaît; de ces femmes à l'âme si vaillante, à l'esprit si cultivé, qui restaient comme les témoins d'un passé bientôt évanoui.

Il est certain que cette grande époque avait été pour beaucoup dans cette grande nature. Fille du général Walther, nièce du grand

Cuvier, élevée au milieu des drames de la
fin de l'Empire et du commencement de la
Restauration, voyant chez sa mère les pre-
miers capitaines de l'épopée impériale, et
chez Cuvier tous les génies de la science et
des lettres, elle avait puisé là cette énergie,
cette culture d'esprit, ce dédain de toutes
les petitesses et de toutes les vanités du
monde, cette sorte d'esprit viril qui faisait
que, lorsqu'on sortait de Petit-Bois aussi bien
que des Ombrages, on était impressionné
du rapetissement subit des hommes et des
choses.

Il est vrai, aussi, que la foi chrétienne, et
une foi triomphante, la soutenait au-dessus
de toutes les misères d'ici-bas ; à ce point
que son héroïque courage nous trompait sur
la gravité du mal et que cette âme avait fini
par nous faire illusion sur ce corps. Véritable
triomphe de l'esprit ; la matière réduite au
silence ; l'esprit seul vivant et debout !

Mais, en dehors de cette forte éducation et
de cette grande foi, il y avait là une nature,

véritablement supérieure, une de ces âmes
d'élite, telles que Dieu en crée parfois pour
réchauffer notre pauvre monde, et rayonner
la joie, la vie, le bonheur; une de ces âmes
aussi indulgentes pour les autres que sévères
pour elles-mêmes. Tant que ces âmes sont
là, on ne sait pas que cette lumière vient
d'elles, que cette vie est leur vie; mais,
quand brusquement elles disparaissent, alors
la nuit se fait, et on sent un vide immense!
Ce sont les pertes qui ne se réparent pas.

Les autres, plus connues par le faste et le
bruit, peuvent disparaître sans causer de ces
arrachements. Après leur mort, les fêtes
qu'elles donnaient sont remplacées par d'autres fêtes où il y a le même luxe, le même
éclat, le même monde pour s'y presser; tan-
dis qu'ici, c'est une individualité qui meurt,
c'est un centre de famille qui disparaît, un
foyer d'affection qui s'éteint.

Vous causez encore de ces choses, que vous entendez des voix d'enfants : ce sont les petites orphelines groupées au bord de la fosse, qui chantent les cantiques de l'espérance ; le ministre de Dieu lit les versets, après quoi les enfants reprennent... et toujours ainsi jusqu'à la parole solennelle. « La poussière retourne à la terre, et l'âme retourne à Dieu ! »

C'est fini ! Vous traversez le Père-Lachaise ; vous regardez ces monuments « qui semblent porter jusqu'au ciel le magnifique témoignage de notre néant » ; là-bas, vous apercevez Paris et ses palais éblouissants de soleil ; autour de vous, les oiseaux chantent, tout vibre de lumière, tout resplendit.

« La nature, comme si elle était envieuse du bien qu'elle nous a fait, nous déclare et signifie qu'elle ne peut nous laisser longtemps ce peu de matière qu'elle nous prête, qui ne doit pas demeurer dans les mêmes mains, et qui doit être éternellement dans le commerce : elle en a besoin pour d'autres formes, elle le redemande. »

Ces paroles de Bossuet résonnent à votre oreille comme un glas. Il vous semble que pour se revêtir de cette beauté, pour donner à ces arbres, à ces fleurs, cet éclat de végétation, la nature vous redemande votre substance pendant que Dieu vous redemande votre âme.

Il vous semble surtout que, cette fois, la leçon demeurera, que vous ne pourrez pas oublier, et que désormais vous ne vivrez que de la pensée de la mort : « Que suis-je donc ? dites-vous. J'entre dans la vie pour en sortir bientôt ; je viens faire mon personnage, je viens me montrer comme les autres, après quoi il faudra disparaître. »

Et puis, rentré dans Paris, vous trouvez les rouages de la vie qui tournent comme d'habitude ; ces rouages que rien ne dérange et qui marchent à travers tout avec la même fatalité. Et d'ailleurs, avez-vous le droit de vous arrêter vous-même, et de vous nourrir de vos regrets ; n'avez-vous pas le travail obligé ; des pages commencées pour le pu-

blic, pages joyeuses?... car le public, qui a
ses exigences, n'a pas à tenir compte de ce
qui vous arrive. Justement, vos dernières
paroles étaient trop sérieuses et un peu amè-
res!... Il faut être gai cette fois.

Allons, acteur, monte sur les planches!
Regarde ce public blasé, qu'il faut distraire.
Ne lui parle pas de la mort, surtout! Laisse-
lui croire qu'il est éternel et qu'il s'amusera
toujours. Ne te permets pas d'ouvrir un tom-
beau devant lui, « car des yeux si délicats
seraient offensés par un sujet si funèbre ».
A chaque funéraille il répète : « Eh quoi! ce
mortel est mort! Voilà pourtant ce que c'est
que l'homme! » Mais, en le disant, il ne s'en
applique rien, oubliant qu'il est homme lui-
même; et on peut dire qu'il ne met pas
moins d'empressement d'ensevelir les pensées de la mort, que d'enterrer les morts
mêmes.

Si donc tu veux parler de la mort, qu'il y

ait au moins un épisode dramatique, un contraste, quelque chose qui donne, non pas une leçon, mais une émotion. Parle-nous d'un être jeune, plein de vie, arraché subitement au milieu des fêtes et des joies de ce monde. Mais si c'est simplement une mort chrétienne après une admirable vie, garde le silence; car ce public veut être ému et pas instruit.

Ne pourrais-je dire, au moins, que, du sein de cette mort et de ses ombres épaisses, sort une lumière immortelle pour éclairer nos esprits « touchant l'éclat de notre nature » ?

Ne pourrais-je dire avec Bossuet : « Venez, mortels, venez voir le triomphe de la vie dans la mort. » Venez voir cette âme héroïque que son enveloppe torturait, venez la voir prouver la vie éternelle par sa foi triomphante !

Non !... Cela m'est interdit ! Eh bien, que je puisse au moins envoyer un écho lointain de nos regrets à l'exilé de Washington !

Qu'il sache combien a été pleurée celle qu'il pleure aujourd'hui ! Qu'il sache que de l'autre côté des mers, une foule de parents, d'amis, de serviteurs, de pauvres, d'orphelins, portent ce deuil avec lui ; et qu'il sache surtout que cette vie, vie de courage, de charité et d'amour, restera en exemple à tous ceux qui ont eu le bonheur de la connaître, c'est-à-dire de l'aimer.

SAINT-GENEST.

BIBLIOTHÈQUE NATIONALE — ESTAMPES.

(Article publié le 27 août 1875.)

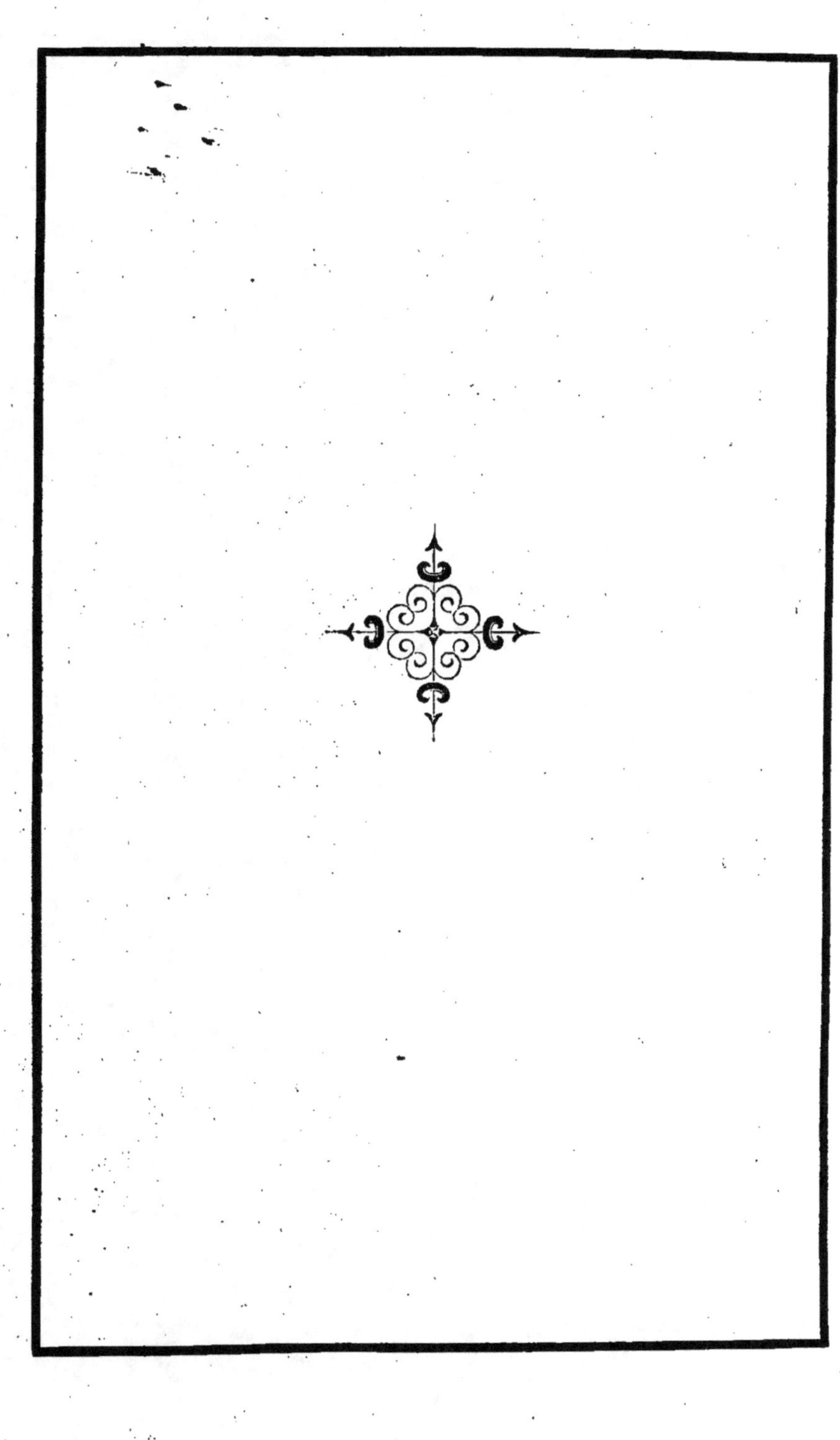

www.ingramcontent.com/pod-product-compliance
Lightning Source LLC
LaVergne TN
LVHW020136070726
842526LV00020B/2599